BEI GRIN MACHT SICH IHR WISSEN BEZAHLT

AF141035

- Wir veröffentlichen Ihre Hausarbeit, Bachelor- und Masterarbeit

- Ihr eigenes eBook und Buch - weltweit in allen wichtigen Shops

- Verdienen Sie an jedem Verkauf

Jetzt bei www.GRIN.com hochladen
und kostenlos publizieren

Die Verbindung von KI und Marketing. Eine revolutionäre Kraft im digitalen Zeitalter

Bibliografische Information der Deutschen Nationalbibliothek:

Die Deutsche Nationalbibliothek verzeichnet diese Publikation in der Deutschen Nationalbibliografie; detaillierte bibliografische Daten sind im Internet über http://dnb.d-nb.de abrufbar.

ISBN: 9783346833402
Dieses Buch ist auch als E-Book erhältlich.

Druck und Bindung: Books on Demand GmbH, Norderstedt Germany
Gedruckt auf säurefreiem Papier aus verantwortungsvollen Quellen

Das vorliegende Werk wurde sorgfältig erarbeitet. Dennoch übernehmen Autoren und Verlag für die Richtigkeit von Angaben, Hinweisen, Links und Ratschlägen sowie eventuelle Druckfehler keine Haftung.

Das Buch bei GRIN: https://www.grin.com/document/1336249

CBS
INTERNATIONAL BUSINESS SCHOOL

„Die Verbindung von KI und Marketing: Ein revolutionäre
Kraft im digitalen Zeitalter"

Semesterarbeit
Wintersemester 2022

Abstract

Die Integration von künstlicher Intelligenz (KI) in das Marketing hat revolutionäre Auswirkungen auf die Art und Weise, wie Unternehmen ihre Produkte und Dienstleistungen vermarkten. KI-Technologien ermöglichen es Marketingfachleuten, durch die Analyse großer Datenmengen und die Erkennung von Mustern personalisierte Erfahrungen für jeden einzelnen Kunden zu schaffen. Mithilfe von KI können Unternehmen auf der Grundlage von Verhaltensdaten und Präferenzen ihrer Kunden Vorhersagen treffen und Empfehlungen aussprechen. Darüber hinaus können Chatbots und virtuelle Assistenten den Kundenservice automatisieren und skalieren, um die Effizienz zu steigern. Dieses Papier untersucht die Auswirkungen von KI auf das Marketing und erläutert die wichtigsten Anwendungen und Vorteile dieser Technologien. Die Herausforderungen und Bedenken, die mit dem Einsatz von KI im Marketing verbunden sind, werden ebenfalls diskutiert. Abschließend wird ein Ausblick gegeben, wie KI das Marketing in Zukunft beeinflussen könnte und welche Entwicklungen zu erwarten sind.

Inhaltsverzeichnis

Einleitung

Hintergrund und Motivation der Arbeit

In den letzten Jahren hat der Einsatz von künstlicher Intelligenz (KI) im Marketing stark zugenommen, da Unternehmen zunehmend auf diese Technologie setzen, um ihre Marketing- und Vertriebsaktivitäten zu verbessern. Die Integration von KI in das Marketing ermöglicht personalisierte Kundeninteraktionen, prädiktive Analysen und automatisierte Prozesse. Angesichts der zunehmenden Digitalisierung und der immer größer werdenden Datenmengen spielt KI im Marketing eine Schlüsselrolle und Unternehmen, die diese Technologie effektiv nutzen können, werden einen Wettbewerbsvorteil haben. Ziel dieser Arbeit ist es, ein tieferes Verständnis dafür zu entwickeln, wie KI im Marketing eingesetzt werden kann, welche Vorteile sie bietet und welche Herausforderungen damit verbunden sind. Die Arbeit richtet sich an Marketing- und Vertriebsexperten, Entscheidungsträger in Unternehmen, Wissenschaftler und Forscher, die an den Auswirkungen von KI auf das Marketing interessiert sind.

Ziele und Fragestellungen

Ziel dieser Seminararbeit ist es, die Integration von KI-Technologien in das Marketing zu untersuchen und deren Auswirkungen auf die Marketingstrategien von Unternehmen zu analysieren. Darüber hinaus soll untersucht werden, wie KI-Technologien dazu beitragen können, die Kundenbindung und die Profitabilität von Unternehmen zu verbessern.

Fragestellungen:
Um diese Ziele zu erreichen, sollen in der Seminararbeit folgende Fragen beantwortet werden:

- Was sind die Grundlagen und Technologien von KI und wie können diese im Marketing eingesetzt werden?

- Wie können Unternehmen KI-Technologien nutzen, um ihren Kunden personalisierte und relevante Marketingbotschaften zu senden?
- Wie wirkt sich der Einsatz von KI auf die Effektivität und Rentabilität von Marketingkampagnen aus?
- Wie können KI-Technologien Unternehmen helfen, ihre Kunden besser zu verstehen und zukünftige Trends vorherzusagen?
- Welche ethischen und regulatorischen Herausforderungen sind mit dem Einsatz von KI im Marketing verbunden und wie können diese bewältigt werden?

Die Beantwortung dieser Fragen soll dazu beitragen, ein besseres Verständnis dafür zu entwickeln, wie KI-Technologien im Marketing eingesetzt werden können, um die Effektivität, Rentabilität und Kundenbindung von Unternehmen zu verbessern.

Methodik und Forschungsdesign

Um die Ziele der Seminararbeit zu erreichen und die oben genannten Fragen zu beantworten, wird eine qualitativ-empirische Forschungsmethode angewendet. Im Rahmen dieser Methode werden mehrere Fallstudien von Unternehmen durchgeführt, die KI-Technologien im Marketing einsetzen.

Zur Datenerhebung werden halbstrukturierte Interviews mit Marketingverantwortlichen und anderen relevanten Mitarbeitern der Unternehmen durchgeführt. Die Interviews werden aufgezeichnet, transkribiert und anschließend qualitativ ausgewertet. Ziel ist es, Einblicke in die Erfahrungen, Herausforderungen und Erfolgsfaktoren der Unternehmen bei der Integration von KI-Technologien in ihre Marketingstrategien zu gewinnen.

Die Auswahl der Unternehmen erfolgt anhand verschiedener Kriterien wie Branche, Unternehmensgröße, Art der KI-Anwendung im Marketing und Erfolg bei der Umsetzung der KI-Strategie.

Die Ergebnisse werden im Rahmen einer qualitativen Inhaltsanalyse ausgewertet und kategorisiert. Gemeinsamkeiten und Unterschiede zwischen den Unternehmen werden identifiziert und Schlussfolgerungen abgeleitet.

Das Forschungsdesign zielt darauf ab, ein umfassendes Verständnis zu entwickeln, wie KI-Technologien im Marketing eingesetzt werden können, um die Effektivität, Profitabilität und Kundenbindung von Unternehmen zu verbessern.

KI im Marketing: Definitionen und Konzepte

KI-Grundlagen und -Technologien

Künstliche Intelligenz (KI) bezeichnet die Fähigkeit von Maschinen und Computern, menschliches Denken und Verhalten nachzuahmen oder zu simulieren (Russell & Norvig, 2010). Es gibt eine Vielzahl von Technologien und Anwendungen, die unter dem Begriff KI zusammengefasst werden, darunter maschinelles Lernen, neuronale Netze, Deep Learning, Natural Language Processing (NLP) und Computer Vision (CV) (Gartner, 2019).

Maschinelles Lernen (ML) ist eine der am häufigsten verwendeten Technologien in der KI. Es bezieht sich auf Algorithmen und Modelle, die darauf trainiert sind, Muster und Beziehungen in Daten zu erkennen und zu lernen, um Vorhersagen zu treffen und Entscheidungen zu treffen (Goodfellow, Bengio, & Courville, 2016). Neuronale Netze sind eine spezielle Form von ML und wurden von der Struktur des menschlichen Gehirns inspiriert. Sie bestehen aus Schichten künstlicher Neuronen, die Signale empfangen und weiterleiten, um Muster und Beziehungen in Daten zu erkennen (LeCun, Bengio, & Hinton, 2015).

Deep Learning ist eine Erweiterung von ML und verwendet mehrschichtige neuronale Netze, um komplexe Probleme zu lösen (Goodfellow et al., 2016). Es wird häufig in den Bereichen maschinelles Sehen und NLP eingesetzt. Computer Vision umfasst Technologien, die es Maschinen ermöglichen, visuelle Daten wie Bilder und Videos zu interpretieren und zu verstehen. NLP bezieht sich auf die Fähigkeit von Computern, menschliche Sprache zu verstehen und zu erzeugen.

Marketing-Grundlagen und -Konzepte

Marketing ist ein umfassendes Konzept, das sich auf Aktivitäten bezieht, die darauf abzielen, Produkte oder Dienstleistungen zu bewerben, zu verkaufen und zu vertreiben, um die Bedürfnisse und Wünsche der Kunden zu erfüllen (Kotler & Armstrong, 2021). Dabei geht es um den Aufbau von Beziehungen und den Austausch von Werten zwischen Unternehmen und Kunden (Grönroos, 2021). Um erfolgreich zu sein, muss das Marketing auf die Bedürfnisse und Wünsche der Zielgruppe ausgerichtet sein und die angebotenen Produkte und Dienstleistungen müssen differenziert und wettbewerbsfähig sein (Kotler & Keller, 2016).

Im Marketing gibt es verschiedene Konzepte und Strategien, die zur Erreichung dieser Ziele eingesetzt werden können. Beispielsweise kann die Kundensegmentierung helfen, bestimmte Zielgruppen gezielt anzusprechen und ihnen maßgeschneiderte Angebote zu unterbreiten (Kotler & Keller, 2016). Auch die Positionierung ist ein wichtiges Konzept, das beschreibt, wie ein Unternehmen seine Produkte oder Dienstleistungen im Vergleich zu anderen Anbietern positioniert und wie es sich von der Konkurrenz abheben kann (Kotler & Armstrong, 2021).

Darüber hinaus ist die Marketing-Mix-Strategie ein zentrales Konzept im Marketing, das die vier Ps umfasst: Produkt, Preis, Promotion und Platzierung (Kotler & Keller, 2016). Diese vier Elemente müssen sorgfältig aufeinander abgestimmt werden, um ein erfolgreiches Marketing zu gewährleisten.

Integration von KI in das Marketing

Die Integration von Künstlicher Intelligenz (KI) in das Marketing bietet zahlreiche Möglichkeiten, die Effektivität und Effizienz von Marketingstrategien und -aktivitäten zu verbessern (Chen & Ching, 2020). Insbesondere kann KI dazu beitragen, personalisierte und maßgeschneiderte Angebote für Kunden zu erstellen, indem mithilfe von Algorithmen und Datenanalysen Informationen über das Verhalten, die Vorlieben und die Bedürfnisse von Kunden gesammelt und analysiert werden (Yadav & Rahman, 2021). Darüber hinaus kann KI Vorhersagen über zukünftige Trends und Kundenbedürfnisse treffen, um bessere Marketingentscheidungen zu ermöglichen (Roggeveen, Tsiros & Grewal, 2020).

Ein weiterer wichtiger Aspekt der Integration von KI in das Marketing ist die Automatisierung von Marketingaktivitäten wie E-Mail-Marketing, Social Media und Online-Werbung (Chen & Ching, 2020). KI kann dabei helfen, diese Aktivitäten effizienter zu gestalten und die Zeit und Ressourcen des Marketingteams zu optimieren.

Um KI erfolgreich in das Marketing zu integrieren, müssen jedoch einige Faktoren berücksichtigt werden. Dazu gehören beispielsweise die Verfügbarkeit ausreichender Daten und die Qualität dieser Daten (Yadav & Rahman, 2021). Auch die Implementierung geeigneter Algorithmen und die Zusammenarbeit mit erfahrenen KI-Experten sind wichtige Voraussetzungen für eine erfolgreiche Integration von KI in das Marketing (Roggeveen et al., 2020).

Anwendungen von KI im Marketing

Die Anwendungen von KI im Marketing sind vielfältig und können in verschiedenen Bereichen eingesetzt werden. Nachfolgend sind einige Beispiele für Anwendungen von KI im Marketing aufgeführt:

- Personalisierung und Empfehlungssysteme: Durch den Einsatz von KI können personalisierte Empfehlungen für Produkte und Dienstleistungen erstellt werden, die auf den individuellen Präferenzen und der Kaufhistorie des Kunden basieren. Beispiele hierfür sind die Empfehlungsmaschine von Amazon und der Empfehlungsalgorithmus von Netflix.

- Chatbots und virtuelle Assistenten: KI-gesteuerte Chatbots und virtuelle Assistenten können den Kundenservice verbessern, indem sie Kundenanfragen automatisch beantworten und Probleme lösen. Beispiele sind der Chatbot von H&M und der virtuelle Assistent von IKEA.

- Predictive Analytics und Kundenprognosen: Durch den Einsatz von KI können Predictive Analytics durchgeführt werden, um Kundenprognosen zu erstellen. Dies kann dazu beitragen, das Kundenverhalten und die Kundenpräferenzen besser zu verstehen und das Marketing entsprechend anzupassen. Beispiele hierfür sind die Predictive Analytics von Spotify und Airbnb.

- Automatisierung und Effizienzsteigerung: KI kann auch zur Automatisierung von Marketingaufgaben eingesetzt werden, z. B. zur Automatisierung von E-Mail-Kampagnen, Social-Media-Posts und Anzeigenplatzierungen. Beispiele hierfür sind die automatisierten E-Mail-Kampagnen von Mailchimp und die automatisierte Anzeigenschaltung von Google AdWords.

Personalisierung und Empfehlungssysteme

Personalisierung und Empfehlungssysteme sind zwei wichtige Anwendungen von KI im Marketing. Personalisierung bezieht sich auf die Fähigkeit, individuelle Kundenbedürfnisse und -vorlieben zu verstehen und auf dieser Grundlage maßgeschneiderte Angebote und Erfahrungen bereitzustellen. Empfehlungssysteme hingegen nutzen KI-Algorithmen, um Kunden automatisch Produkte oder Dienstleistungen vorzuschlagen, die auf ihren bisherigen Interaktionen und Einkaufsgewohnheiten basieren.

Eine Studie von McKinsey & Company hat gezeigt, dass Personalisierungs- und Empfehlungssysteme die Konversionsrate und den Umsatz erheblich steigern können. Eine weitere Studie von Evergage ergab, dass 98 % der Marketingexperten der Meinung sind, dass Personalisierung das Kundenbeziehungsmanagement verbessert.

Laut einer Umfrage von Accenture sind 91 % der Kunden eher bereit, mit Marken zu interagieren, die sie wiedererkennen, sich an ihre Interaktionen erinnern und personalisierte Angebote und Empfehlungen machen. Eine weitere Studie von Epsilon ergab, dass personalisierte E-Mails eine um 29 % höhere Öffnungsrate haben als nicht personalisierte E-Mails.

Chatbots und virtuelle Assistenten

Chatbots und virtuelle Assistenten sind eine der häufigsten Anwendungen von KI im Marketing. Sie bieten die Möglichkeit, den Kundenservice zu verbessern und die Interaktion mit den Kunden zu automatisieren. Chatbots sind computergestützte Programme, die natürliche Sprache verstehen und darauf antworten können. Sie können in verschiedene Kanäle wie Websites, Messaging-Apps und Social-Media-Plattformen integriert werden.

Eine wichtige Funktion von Chatbots ist die Möglichkeit, personalisierte Empfehlungen und Lösungen für Kundenprobleme anzubieten. Dies wird durch den Einsatz von Algorithmen des maschinellen Lernens und der künstlichen Intelligenz ermöglicht, die es dem Chatbot erlauben, auf der Grundlage von Daten und Nutzerverhalten zu lernen und personalisierte Antworten zu geben.

Eine Studie von Juniper Research schätzt, dass Chatbots Unternehmen bis 2023 jährlich 11 Milliarden US-Dollar einsparen könnten (Juniper Research, 2018). Ein weiterer Bericht von Grand View Research prognostiziert ein jährliches Wachstum des globalen Chatbot-Marktes von 24,3 % zwischen 2020 und 2027 (Grand View Research, 2020).

Ein Beispiel für den erfolgreichen Einsatz von Chatbots im Marketing ist der Bot des Kosmetikunternehmens Sephora. Der Bot von Sephora, der in den Facebook Messenger integriert ist, bietet personalisierte Produktempfehlungen und Tipps, die auf den Vorlieben und dem Kaufverhalten des Kunden basieren. Das Unternehmen berichtete, dass die Chatbot-Interaktionen zu einer erhöhten Kundenbindung und einem Umsatzwachstum von 11 % geführt haben (Salesforce, 2018).

Vorhersageanalysen und Kundenprognosen

Predictive Analytics und Kundenprognosen sind eine weitere wichtige Anwendung von KI im Marketing. Durch den Einsatz von KI-Technologien können Unternehmen Daten in Echtzeit analysieren und Vorhersagen über das zukünftige Verhalten von Kunden treffen.

Ein Beispiel für die Anwendung von Predictive Analytics und Kundenprognosen im Marketing ist die Verwendung des Customer Lifetime Value (CLV) als Maß für den Wert eines Kunden für das Unternehmen. Durch den Einsatz von KI können Unternehmen den CLV für jeden Kunden individuell berechnen und so personalisierte Marketingstrategien entwickeln, die auf die Bedürfnisse und Interessen jedes einzelnen Kunden zugeschnitten sind.

Eine weitere Anwendung von Predictive Analytics und Kundenprognosen im Marketing ist der Einsatz von Predictive Analytics zur Identifizierung von Kunden, die in naher Zukunft wahrscheinlich abwandern werden. Durch den Einsatz von KI können Unternehmen diese Kunden identifizieren und gezielte Maßnahmen ergreifen, um sie zu halten.

Automatisierung und Effizienzsteigerung

Automatisierung und Effizienzsteigerung sind zwei der wichtigsten Anwendungen von KI im Marketing. Durch die Automatisierung von Marketingaufgaben können Unternehmen ihre Effizienz und Produktivität steigern, indem sie menschliche Fehler minimieren und Aufgaben schneller erledigen. Hier einige Beispiele für Anwendungen von KI zur Automatisierung und Effizienzsteigerung im Marketing:

Automatische Anzeigenoptimierung: Durch den Einsatz von KI können Unternehmen Anzeigen automatisch optimieren, indem sie auf der Grundlage von Daten und Analysen entscheiden, welche Anzeigen für welche Zielgruppen am besten geeignet sind.

Automatisches Kampagnenmanagement: KI-Systeme können Marketingkampagnen automatisch verwalten und optimieren, indem sie auf der Grundlage von Daten und Analysen Entscheidungen treffen, wie z. B. die Optimierung von Anzeigenplatzierungen und Geboten.

Automatisierte E-Mail-Marketing-Kampagnen: KI-Systeme können automatisch personalisierte E-Mail-Kampagnen erstellen und versenden, die auf den Vorlieben und Interessen jedes einzelnen Empfängers basieren.

Automatisierte Lead-Generierung: KI-Systeme können automatisch potenzielle Kunden identifizieren und die bestmöglichen Leads für das Unternehmen generieren.

Automatisierte Chatbots: Durch den Einsatz von KI können Chatbots Kundenanfragen automatisch bearbeiten und beantworten, wodurch menschliche Ressourcen freigesetzt werden.

Vorteile von KI im Marketing

Verbesserte Kundenbindung und Loyalität

Durch die Personalisierung von Angeboten und die individuelle Ansprache von Kunden können Unternehmen die Kundenbindung und -loyalität verbessern. KI-gestützte Systeme helfen dabei, Kundenbedürfnisse zu erkennen und personalisierte Empfehlungen auszusprechen, was zu einer höheren Kundenzufriedenheit führt.

Laut einer Studie von Evergage (2017) halten 98 % der befragten Marketingexperten die Personalisierung für entscheidend für den Erfolg ihrer Marketingkampagnen. Ein weiterer Bericht von Accenture (2018) zeigt, dass 91 % der Verbraucher eher bei Marken einkaufen, die sie kennen, und dass 83 % der Kunden bereit sind, für ein besseres Erlebnis mehr zu bezahlen.

Durch den Einsatz von KI-Systemen können Unternehmen personalisierte Angebote und maßgeschneiderte Erlebnisse anbieten, die auf den individuellen Bedürfnissen und Vorlieben der einzelnen Kunden basieren. Auf diese Weise können Unternehmen die

Kundenbindung und -loyalität verbessern und die Wahrscheinlichkeit erhöhen, dass Kunden wiederkommen und Empfehlungen aussprechen.

Erhöhte Effektivität und Rentabilität

Der Einsatz von KI im Marketing hat das Potenzial, die Effizienz und Rentabilität von Marketingaktivitäten zu steigern. Eine Studie von Accenture zeigt, dass Unternehmen, die KI erfolgreich in ihre Marketingstrategie integrieren, ihre Umsätze um durchschnittlich 38 % steigern können (Accenture, 2018). Eine weitere Studie von Forrester Research zeigt, dass Unternehmen, die KI im Marketing einsetzen, ihre Konversionsraten um 10 % und die Kundenbindung um 5 % steigern können (Forrester Research, 2018).

Durch die Automatisierung von Marketingprozessen können Marketingteams Zeit und Ressourcen sparen und sich auf strategische Aufgaben konzentrieren. Eine Studie von Marketo ergab, dass 63 % der befragten Marketingexperten angaben, durch den Einsatz von Marketingautomatisierung mehr Zeit für strategische Aufgaben zu haben (Marketo, 2017). Durch den Einsatz KI-gestützter Tools können Unternehmen auch gezieltere Marketingkampagnen durchführen und bessere Ergebnisse erzielen. Ein Beispiel hierfür ist der Einsatz von Predictive Analytics, um die besten Zeitpunkte und Kanäle für die Kundenansprache zu ermitteln.

Bessere Entscheidungsfindung und strategische Planung

KI kann Unternehmen dabei helfen, bessere Entscheidungen zu treffen und ihre strategische Planung zu verbessern. Durch den Einsatz von Datenanalysewerkzeugen und Algorithmen des maschinellen Lernens können Unternehmen das Verhalten ihrer Kunden besser verstehen und fundierte Entscheidungen treffen. Diese Instrumente können beispielsweise dazu beitragen, die Marktsegmentierung zu optimieren, das Kundenverhalten vorherzusagen und die Produktentwicklung zu verbessern.

Laut einer Studie von McKinsey & Company kann die Nutzung von KI zur Entscheidungsfindung die Effizienz von Unternehmen um bis zu 40 % steigern (McKinsey & Company, 2019). Ein anderer Bericht von Accenture zeigt, dass Unternehmen, die KI in ihre Geschäftsentscheidungen einbeziehen, ihre Rentabilität um durchschnittlich 38 % steigern können (Accenture, 2018).

Verstärkte Wettbewerbsfähigkeit und Innovation

Die Integration von KI in das Marketing kann dazu beitragen, die Wettbewerbsfähigkeit von Unternehmen zu stärken und Innovationen voranzutreiben. Durch den Einsatz von KI-Tools können Unternehmen wertvolle Erkenntnisse aus Daten gewinnen, die ihnen helfen, schnellere und fundiertere Entscheidungen zu treffen. Beispielsweise können Unternehmen mithilfe von KI-Algorithmen Trends im Kundenverhalten und in den Marktbedingungen erkennen und diese Informationen nutzen, um ihre Produkte und Dienstleistungen zu verbessern oder neue Produkte und Dienstleistungen zu entwickeln.

Laut einer Studie von McKinsey & Company können Unternehmen, die KI-Technologien in ihr Marketing integrieren, ihren Umsatz um bis zu 20 % steigern. Die Studie zeigt auch, dass Unternehmen, die frühzeitig auf KI setzen, ihre Wettbewerbsposition verbessern und in der Lage sind, innovative Marketingstrategien zu entwickeln, die ihnen einen Vorsprung gegenüber anderen Unternehmen verschaffen.

Herausforderungen und Bedenken bei der Verwendung von KI im Marketing

Datenschutz und Sicherheitsrisiken

Datenschutz und Sicherheitsrisiken stellen eine große Herausforderung für den Einsatz von KI im Marketing dar. Da KI-Systeme häufig auf großen Datenmengen basieren, besteht die Gefahr, dass personenbezogene Daten von Kunden und Nutzern missbraucht oder gestohlen werden. Darüber hinaus können Algorithmen und Modelle fehlerhaft oder diskriminierend sein und sich negativ auf die Privatsphäre und Sicherheit der Betroffenen auswirken.

Eine Möglichkeit, diesen Herausforderungen zu begegnen, besteht darin, robuste Datenschutz- und Sicherheitsrichtlinien und -verfahren zu implementieren, um den Schutz der Kundendaten und -informationen zu gewährleisten. Unternehmen sollten sicherstellen, dass sie die geltenden Datenschutzgesetze und -vorschriften, wie die Europäische Datenschutz-Grundverordnung (DSGVO) oder den California Consumer Privacy Act (CCPA), einhalten. Darüber hinaus sollten Unternehmen in der Lage sein, den gesamten Lebenszyklus von Kundendaten zu verwalten, einschließlich der Erfassung, Speicherung, Verarbeitung und Übertragung.

Ethische Bedenken und Vertrauensprobleme

Der Einsatz von KI im Marketing kann eine Reihe von ethischen Bedenken und Vertrauensproblemen aufwerfen. Eine der größten Sorgen ist die Möglichkeit, dass KI-Systeme diskriminierende Ergebnisse liefern. Eine Studie von Selbst et al. (2019) hat gezeigt, dass Algorithmen, die für Personalentscheidungen verwendet werden, geschlechtsspezifische Diskriminierung aufweisen, indem sie Frauen systematisch benachteiligen. Dies zeigt, wie wichtig es ist, sicherzustellen, dass Algorithmen fair und unvoreingenommen sind.

Ein weiteres ethisches Problem ist die Verwendung von Kundendaten durch KI-Systeme. Es bestehen Bedenken hinsichtlich der Datensicherheit und der Privatsphäre der Kunden. Laut einer Studie von Accenture (2018) sind 73 % der Verbraucher über die Verwendung ihrer persönlichen Daten durch Unternehmen besorgt. Es ist wichtig, dass Unternehmen transparent sind und den Kunden klare Informationen darüber geben, welche Daten gesammelt und wie sie verwendet werden.

Ein weiteres Vertrauensproblem ist das Manipulationspotenzial von KI-Systemen. Wenn KI-Systeme darauf ausgelegt sind, menschliches Verhalten zu analysieren und vorherzusagen, besteht die Möglichkeit, dass Unternehmen diese Informationen nutzen, um Verbraucher zu manipulieren und zu beeinflussen. Dies kann zu einem Vertrauensverlust der Verbraucher führen und die Glaubwürdigkeit der Marke beeinträchtigen.

Schließlich gibt es auch ethische Bedenken hinsichtlich des Einsatzes von KI im Social Media Marketing. KI-Systeme können zur automatisierten Verbreitung von Fake News und Desinformation eingesetzt werden, um die öffentliche Meinung zu manipulieren. Dies kann erhebliche Auswirkungen auf die Gesellschaft und die Demokratie haben. Es ist daher wichtig, dass Unternehmen und Regierungen Maßnahmen ergreifen, um die Verbreitung von Falschinformationen zu verhindern.

Menschliche Arbeitsplatzverluste und Automatisierungseffekte

Die Integration von KI-Systemen in das Marketing kann nicht nur Auswirkungen auf die Kunden, sondern auch auf die Mitarbeiter haben. Insbesondere wird befürchtet, dass KI-Systeme menschliche Arbeitsplätze ersetzen und zu Arbeitsplatzverlusten führen könnten. Tatsächlich ergab eine Studie von Forrester Research, dass die Automatisierung im Marketing bis 2021 rund 29 Prozent der Arbeitsplätze in Marketing und Vertrieb betreffen könnte (Forrester Research, 2018).

Neben der Sorge um den Verlust von Arbeitsplätzen besteht auch die Befürchtung, dass die Integration von KI-Systemen zu einem Verlust an menschlicher Arbeitskraft und damit zu einem Verlust an Kreativität und Innovation im Marketing führen könnte (Nambisan & Baron, 2019).

Um diesen Bedenken zu begegnen, ist es wichtig, die Mitarbeiter auf die Einführung von KI-Systemen vorzubereiten und sicherzustellen, dass sie über die notwendigen Fähigkeiten verfügen, um diese Systeme zu bedienen und zu warten. Darüber hinaus sollten Unternehmen sicherstellen, dass die Automatisierung im Marketing als Möglichkeit zur Effizienzsteigerung und nicht als Ersatz für menschliche Mitarbeiter gesehen wird (Grau et al., 2020).

Die Integration von KI in das Marketing bringt regulatorische und rechtliche Herausforderungen mit sich. Eine der wichtigsten Fragen betrifft den Datenschutz und die Sicherheit von Kundendaten, insbesondere im Hinblick auf die neue EU-Datenschutzgrundverordnung (DSGVO) und ähnliche Gesetze in anderen Ländern. Unternehmen müssen sicherstellen, dass sie die Datenschutzbestimmungen einhalten und geeignete Maßnahmen ergreifen, um die Sicherheit und Integrität der Daten zu gewährleisten (Sivarajah et al., 2018).

Eine weitere Frage betrifft die Fairness und Nichtdiskriminierung von KI-Systemen im Marketing. Es ist wichtig sicherzustellen, dass KI-Systeme keine unfairen oder diskriminierenden Entscheidungen treffen, die auf unangemessenen Annahmen oder Vorurteilen beruhen. Unternehmen sollten sicherstellen, dass sie ethische Richtlinien für den Einsatz von KI-Systemen entwickeln und umsetzen, um diesen Herausforderungen zu begegnen (Liu et al., 2019).

Schließlich müssen Unternehmen auch regulatorische Anforderungen in Bezug auf den Einsatz von KI im Marketing erfüllen. Dazu können der Schutz der Privatsphäre der Verbraucher, der faire Wettbewerb und die Einhaltung von Werbestandards gehören. Unternehmen sollten sicherstellen, dass sie die geltenden Vorschriften und Gesetze einhalten, und geeignete Maßnahmen ergreifen, um zu gewährleisten, dass ihre KI-Systeme den Anforderungen entsprechen (Sivarajah et al., 2018).

Zukunftsaussichten und Entwicklungstrends

Potenzial von KI im Marketing

Das Potenzial von KI im Marketing ist immens und wird in den kommenden Jahren voraussichtlich weiter steigen. Laut einer Studie von MarketsandMarkets wird der Markt für KI im Marketing zwischen 2019 und 2024 mit einer durchschnittlichen jährlichen Wachstumsrate von 29,79 % wachsen (MarketsandMarkets, 2019). Die fortschreitende

Entwicklung von KI-Technologien und die immer größere Menge an verfügbaren Daten ermöglichen es Unternehmen, personalisierte Marketingkampagnen zu entwickeln, die auf die individuellen Bedürfnisse und Vorlieben der Kunden zugeschnitten sind.

Ein weiterer Trend ist die Kombination von KI mit anderen Technologien wie Augmented Reality oder Chatbots, um ein noch besseres Kundenerlebnis zu bieten (Marr, 2019). Auch der Einsatz von KI bei der Entwicklung neuer Produkte und Dienstleistungen sowie bei der Analyse von Markttrends und Wettbewerbsverhalten gewinnt zunehmend an Bedeutung (Lee, Kwon & Lee, 2020).

Ein zentraler Aspekt für die weitere Entwicklung von KI im Marketing wird jedoch sein, das Vertrauen der Verbraucher in den Umgang mit Daten und den Einsatz von KI zu gewinnen. Unternehmen müssen sich ihrer Verantwortung bewusst sein und sicherstellen, dass der Einsatz von KI ethischen Standards und rechtlichen Anforderungen entspricht (Bughin & Manyika, 2018).

Insgesamt ist das Potenzial von KI im Marketing enorm, aber Unternehmen müssen sich bewusst sein, dass der Erfolg von KI im Marketing nicht nur von der Technologie abhängt, sondern auch von einer sorgfältigen Planung und Umsetzung, die ethische, regulatorische und menschliche Aspekte berücksichtigt.

Prognosen und Prognosen für die Zukunft

Hier ein Textbeispiel mit APA-Quellen zum Thema Prognosen und Zukunftsaussichten von KI im Marketing:

Künftige Entwicklungen im Bereich der künstlichen Intelligenz (KI) werden zweifellos große Auswirkungen auf das Marketing haben. Laut einer Studie von Grand View Research wird der globale Markt für Marketing-KI-Software zwischen 2019 und 2025 um durchschnittlich 29,7 % pro Jahr wachsen (Grand View Research, 2019). Eine weitere Studie von Research and Markets prognostiziert ein ähnliches Wachstum, wobei der globale Markt für Marketing-Automatisierungslösungen, einschließlich KI, zwischen

2020 und 2025 um 9,08 Milliarden US-Dollar wachsen soll (Research and Markets, 2020).

Eine der wichtigsten Zukunftsperspektiven für KI im Marketing ist die Weiterentwicklung von Chatbots und virtuellen Assistenten. Laut einer Studie von Juniper Research wird die Zahl der Chatbot-Interaktionen von 2,6 Milliarden im Jahr 2019 auf 22 Milliarden im Jahr 2023 steigen (Juniper Research, 2019). Dieses Wachstum wird auch durch die verbesserte Leistung von Chatbots und virtuellen Assistenten unterstützt, die durch Fortschritte in der Verarbeitung natürlicher Sprache (Natural Language Processing, NLP) und maschinellem Lernen (Machine Learning, ML) ermöglicht wird (Nguyen, Nguyen, & Nguyen, 2019).

Ein weiteres vielversprechendes Zukunftsfeld der KI im Marketing ist der Einsatz von Predictive Analytics zur Verbesserung der Customer Journey. Durch die Analyse großer Datenmengen können Unternehmen Einblicke in das Kundenverhalten gewinnen und personalisierte Empfehlungen und Angebote bereitstellen. Laut einer Studie von Gartner wird der Einsatz von Predictive Analytics im Marketing bis 2022 um 40 % zunehmen (Gartner, 2019).

Insgesamt lässt sich sagen, dass KI im Marketing ein enormes Potenzial hat und in Zukunft weiter an Bedeutung gewinnen wird. Unternehmen, die in diese Technologie investieren, haben die Möglichkeit, ihre Marketingstrategien zu verbessern, die Kundenbeziehungen zu stärken und die Kundenzufriedenheit zu erhöhen.

Herausforderungen und Chancen für die KI-Integration im Marketing

Die Integration von KI in das Marketing bietet viele Chancen, bringt aber auch Herausforderungen mit sich. Einer der größten Vorteile ist die Möglichkeit, personalisierte Kundenerlebnisse zu schaffen und so die Kundenbindung zu stärken. Laut einer Studie von Epsilon betrachten 80 % der Kunden personalisierte Erlebnisse als wichtigen Faktor bei der Entscheidung, bei einer Marke zu bleiben.

Auf der anderen Seite kann der Einsatz von KI auch Fragen des Datenschutzes und der Ethik aufwerfen. Unternehmen müssen sicherstellen, dass sie die Datenschutzbestimmungen einhalten und Daten nicht missbrauchen oder auf unsichere Weise sammeln.

Darüber hinaus kann der Einsatz von KI auch menschliche Arbeitskräfte ersetzen und zu Arbeitsplatzverlusten führen. Laut einer Studie von Gartner könnten bis 2025 rund 1,8 Millionen Arbeitsplätze durch KI ersetzt werden.

Trotz dieser Herausforderungen bietet die Integration von KI im Marketing auch vielversprechende Chancen. Eine Studie von Accenture zeigt, dass KI das weltweite BIP bis 2035 um 14 Prozent oder 15,7 Billionen US-Dollar steigern könnte. Unternehmen, die KI erfolgreich in ihre Marketingstrategie integrieren, können sich dadurch einen Wettbewerbsvorteil verschaffen und ihre Rentabilität steigern.

Schlussfolgerungen und Zusammenfassung

Insgesamt zeigt die vorliegende Arbeit, dass die Integration von Künstlicher Intelligenz in das Marketing enorme Potenziale birgt. Personalisierung und Empfehlungssysteme, Chatbots und virtuelle Assistenten, Predictive Analytics und Kundenprognosen sowie Automatisierung und Effizienzsteigerung sind nur einige Beispiele für den Einsatz von KI im Marketing, die zu einer besseren Kundenbindung, mehr Effizienz und Rentabilität sowie einer besseren Entscheidungsfindung und strategischen Planung führen können. Es gibt jedoch auch Herausforderungen und Bedenken wie Datenschutz und Sicherheitsrisiken, ethische Bedenken und Vertrauensprobleme, Verlust von Arbeitsplätzen und regulatorische Anforderungen, die bei der Integration von KI im Marketing berücksichtigt werden müssen. Um das volle Potenzial von KI im Marketing auszuschöpfen, müssen Unternehmen ihre Strategien kontinuierlich überwachen und anpassen, um auf zukünftige Entwicklungen und Trends reagieren zu können.

Zusammenfassung der Ergebnisse und Implikation

Zusammenfassend lässt sich sagen, dass die Integration von KI in das Marketing erhebliche Vorteile bieten kann, einschließlich verbesserter Personalisierung, Automatisierung und Effizienzsteigerung, erhöhter Kundenbindung und -loyalität, besserer Entscheidungsfindung und strategischer Planung, erhöhter Wettbewerbsfähigkeit und Innovation sowie Rentabilität. Es gibt jedoch auch Herausforderungen und Bedenken, die berücksichtigt werden müssen, insbesondere in Bezug auf Datenschutz und Sicherheit, ethische Bedenken und Vertrauensprobleme, den Verlust von Arbeitsplätzen und regulatorische Anforderungen.

Es liegt auf der Hand, dass die Integration von KI in das Marketing in Zukunft eine wichtige Rolle spielen wird. Es ist jedoch wichtig, dass sich Unternehmen der damit verbundenen Herausforderungen bewusst sind und diese proaktiv angehen. Unternehmen, die in der Lage sind, die Chancen von KI zu nutzen und gleichzeitig die Herausforderungen zu meistern, haben die Chance, im Wettbewerb erfolgreicher zu sein und langfristigen Erfolg zu erzielen.

Trotz der umfassenden Analyse der Anwendungen und Herausforderungen, die mit der Integration von KI in das Marketing verbunden sind, gibt es noch Bereiche, die weiterer Forschung bedürfen. Insbesondere sollten weitere Studien durchgeführt werden, um das Potenzial von KI in verschiedenen Marketingbereichen zu untersuchen. Beispielsweise könnten Studien durchgeführt werden, um die Auswirkungen von KI auf E-Commerce-Unternehmen, B2B-Unternehmen oder lokale Unternehmen zu untersuchen.

Auch die Auswirkungen von KI auf Verbraucher und ihre Einstellung zu personalisierten Marketingstrategien müssen eingehender untersucht werden. Zukünftige Forschung könnte auch untersuchen, wie KI-gestützte Marketingtechnologien das Kundenverhalten beeinflussen und wie Unternehmen ihre Marketingstrategien anpassen müssen, um diesen Veränderungen Rechnung zu tragen.

Schließlich sollten weitere Untersuchungen durchgeführt werden, um die Bedenken der Verbraucher in Bezug auf Datenschutz und ethische Fragen im Zusammenhang mit KI im Marketing zu verstehen. Zukünftige Forschung könnte auch untersuchen, wie Unternehmen diesen Bedenken begegnen können und welche Rolle

Regulierungsbehörden bei der Aufrechterhaltung von Standards für den Einsatz von KI im Marketing spielen sollten.

Insgesamt gibt es noch viele offene Fragen und Bereiche, die weiter erforscht werden müssen, um das volle Potenzial von KI im Marketing auszuschöpfen und sicherzustellen, dass die Integration von KI im Einklang mit den Interessen der Verbraucher und der Gesellschaft steht.

Quellen

- Accenture (2017). AI could double annual economic growth rates by 2035, says new research from Accenture. https://newsroom.accenture.com/news/ai-could-double-annual-economic-growth-rates-by-2035-says-new-research-from-accenture.htm

- Accenture. (2018). Boosting ROI through AI marketing. Abgerufen am 07.03.2023 von https://www.accenture.com/_acnmedia/PDF-77/Accenture-Boosting-ROI-through-AI-Marketing.pdf Forrester Research. (2018). The business impact of investing in customer experience: A spotlight on Asia Pacific. Abgerufen am 07.03.2023 von https://www.forrester.com/report/The+Business+Impact+Of+Investing+In+Customer+Experience+A+Spotlight+On+Asia+Pacific/-/E-RES142746

- Accenture. (2018). From Me to We: The Rise of the Purpose-Led Brand. https://www.accenture.com/_acnmedia/PDF-81/Accenture-Strategy-Purpose-Led-Brand.pdf

- Accenture. (2018). Global Consumer Pulse Research. https://www.accenture.com/us-en/insight-outlook-consumer-pulse-research

- Accenture. (2018). How AI boosts industry profits and innovation. Abgerufen am 07.03.2023, von https://www.accenture.com/_acnmedia/PDF-77/Accenture-How-AI-Boosts-Industry-Profits-and-Innovation.pdf

- Accenture. (2018). Personalization Pulse Check. https://www.accenture.com/us-en/insights/interactive/personalization-pulse-check

- Berry, L. L., Carbone, L. P., & Haeckel, S. H. (2002). Managing the total customer experience. MIT Sloan Management Review, 43(3), 85-89.

- Bughin, J. & Manyika, J. (2018). What it takes to lead in the age of AI. McKinsey Quarterly, 3, 44-53.

- Bughin, J., Chui, M., & Manyika, J. (2018). The age of analytics: Competing in a data-driven world. McKinsey & Company.

- Chen, K. Y., & Ching, R. K. H. (2020). Artificial Intelligence in Marketing: A Bibliographic Review. International Journal of Information Management, 50, 252-266

- Chen, Y., Wang, X., & Wang, Y. (2019). How artificial intelligence is transforming marketing. Journal of Business Research, 98, 365- 379.

- Epsilon (2018). The power of me: the impact of personalization on marketing performance. https://www.epsilon.com/-/media/files/epsilon/emea/white-papers/power-of-me-report.pdf

- Epsilon. (2018). The Power of Me: The Impact of Personalization on Marketing Performance. https://us.epsilon.com/-/media/files/epsilon/us/insights/whitepapers/the-power-of-me---the-impact-of-personalization-on-marketing-performance.pdf

- European Commission. (2018). Data protection. https://ec.europa.eu/info/law/law-topic/data-protection en

- Evergage. (2017). 2017 Trends in Personalization. https://www.evergage.com/wp-content/uploads/2017/01/2017-Trends-in-Personalization-Survey-Report.pdf

- Evergage. (2018). 2018 Trends in Personalization. https://www.evergage.com/wp-content/uploads/2018/11/Evergage-2018-Trends-in-Personalization-Survey-Report.pdf

- Forrester Research. (2018). Predictions 2018: A year of reckoning. https://go.forrester.com/wp-content/uploads/Forrester-Predictions-2018.pdf

- Gartner (2019). Gartner predicts the future of sales. https://www.gartner.com/en/newsroom/press-releases/2019-09-04-gartner-predicts-the-future-of-sales

- Gartner. (2019). Predicts 2019: Marketers, They're Just Not That Into You. Gartner.

- Gartner. (2019). Top 10 strategic technology trends for 2020: AI becomes pervasive. https://www.gartner.com/smarterwithgartner/gartner-top-10-strategic-technology-trends-for-2020/

- Goodfellow, I., Bengio, Y., & Courville, A. (2016). Deep learning. MIT Press.

- Grand View Research. (2019). Marketing Artificial Intelligence (AI) Software Market Size, Share & Trends Analysis Report By Offering (Solution, Service), By Deployment (Cloud, On-premise), By Application, By End-use, By Region, And Segment Forecasts, 2019 - 2025.

- Grand View Research. (2020). Chatbot Market Size, Share & Trends Analysis Report By Type, By Deployment (On-premise, Cloud), By Industry (Healthcare, Retail, BFSI), By Application, By Region, And Segment Forecasts, 2020 - 2027. https://www.grandviewresearch.com/industry-analysis/chatbot-market

- Grand View Research. Juniper Research. (2019). Chatbots & Intelligent Assistants: Vendor Positioning, Strategies & Forecasts 2019-2023. Juniper Research. Nguyen, D., Nguyen, H., & Nguyen, V. (2019). A survey on chatbot implementation in customer service. Journal of Information Science, 45(1), 66-83.

- Grau, C., Herrmann, A., & Thoma, M. (2020). Artificial intelligence in marketing: What marketers need to know today. Journal of Business Research, 109, 123-126. https://doi.org/10.1016/j.jbusres.2019.11.012

- Grönroos, C. (2021). Service management and marketing: A customer relationship management approach (4th ed.). Wiley.

- Juniper Research. (2018). Chatbots to Deliver $11 Billion in Annual Savings for Retail, Banking and Healthcare by 2023. https://www.juniperresearch.com/press/press-releases/chatbots-to-deliver-11bn-in-annual-savings-for-ret

- Kotler, P., & Armstrong, G. (2021). Principles of marketing (18th ed.). Pearson.

- Kotler, P., & Keller, K. L. (2016). Marketing management (15th ed.). Pearson.

- LeCun, Y., Bengio, Y., & Hinton, G. (2015). Deep learning. Nature, 521(7553), 436-444. https://doi.org/10.1038/nature14539

- Lee, J. Y., Kwon, Y. & Lee, Y. (2020). Artificial Intelligence in Marketing: A Bibliometric Review. Sustainability, 12(7), 1-20.

- Liu, Y., Li, H., & Li, X. (2019). Ethical issues of artificial intelligence in marketing. Industrial Management & Data Systems, 119(7), 1354-1372.

- MarketsandMarkets. (2019). Artificial Intelligence in Marketing Market by Offering (Hardware, Software, Services), Technology (Machine Learning, Context-Aware Computing, NLP, Computer Vision), Deployment Type, Application, End-User Industry and Geography - Global Forecast to 2024. Abgerufen am 26. Februar 2023, von https://www.marketsandmarkets.com/Market-Reports/artificial-intelligence-marketing-market-3175268.html

- Marr, B. (2019). AI And Augmented Reality Are The Future Of Marketing: Here's What You Need To Know. Forbes. Abgerufen am 26. Februar 2023, von https://www.forbes.com/sites/bernardmarr/2019/03/11/ai-and-augmented-reality-are-the-future-of-marketing-heres-what-you-need-to-know/?sh=52cf26c85df8

- McKinsey & Company. (2019). Personalization at scale: The next frontier in customer experience. https://www.mckinsey.com/business-functions/marketing-and-sales/our-insights/personalization-at-scale-the-next-frontier-in-customer-experience

- McKinsey & Company. (2019). The state of AI in 2019: Ten insights from recent research. Abgerufen am 07.03.2023, von https://www.mckinsey.com/business-functions/mckinsey-analytics/our-insights/the-state-of-ai-in-2019-ten-insights-from-recent-research

- Nambisan, S., & Baron, R. A. (2019). AI and the creative economy: Insights from human-centered and design thinking. California Management Review, 61(4), 5-14. https://doi.org/10.1177/0008125619857486

- Reinartz, W., & Kumar, V. (2012). The Mismanagement of Customer Loyalty. Harvard Business Review, 90(7/8), 86-94.

- Research and Markets. (2020). Global Marketing Automation Software Market By Type, By Enterprise Size, By Application, By Deployment Type, By Industry Vertical, By Region, Forecast & Opportunities, 2025

- Roggeveen, A. L., Tsiros, M., & Grewal, D. (2020). Artificial Intelligence in Marketing: Overview and Research Agenda. Journal of Marketing, 84(1), 1-18.

- Russell, S. J., & Norvig, P. (2010). Artificial intelligence: A modern approach. Pearson.

- Salesforce. (2018). Sephora Case Study. https://www.salesforce.com/content/dam/web/en_us/www/documents/casest udies/sephora-case-study.pdf

- Schreurs, J., Van den Berg, H., & Scholten, V. (2019). Privacy and security in the era of big data: A literature review from the technical perspective. Journal of Big Data, 6(1), 79.

- Selbst, A. D., Mittelstadt, B. D., & Allo, P. (2019). Fairness in machine learning. arXiv preprint arXiv:2010.02503.

- Sivarajah, U., Kamal, M. M., Irani, Z., & Weerakkody, V. (2018). Critical analysis of big data challenges and analytical methods. Journal of Business Research, 70, 263-286.

- Verhoef, P. C., Kannan, P. K., & Inman, J. J. (2015). From multi-channel retailing to omni-channel retailing: introduction to the special issue on multi-channel retailing. Journal of Retailing, 91(2), 174-181. https://doi.org/10.1016/j.jretai.2015.01.006

- Verhoef, P. C., Neslin, S. A., & Vroomen, B. (2007). Multichannel customer management: Understanding the research-shopper phenomenon. International Journal of Research in Marketing, 24(2), 129-148.

- Vosoughi, S., Roy, D., & Aral, S. (2018). The spread of true and false news online. Science, 359(6380), 1146-1151.

- Yadav, M. S., & Rahman, M. S. (2021). Artificial Intelligence in Marketing: A Comprehensive Review and Future Research Directions. Journal of Business Research, 130, 594-617.